Inhalt

Amerikas Währungspolitik am Pranger - "QE 2" stößt weltweit auf Kritik

Kernthesen

Beitrag

Fallbeispiele

Weiterführende Literatur

Impressum

Amerikas Währungspolitik am Pranger - "QE 2" stößt weltweit auf Kritik

R.Reuter

Kernthesen

- Die US-Notenbank wird bis Sommer nächsten Jahres 600 Milliarden Dollar neu in Umlauf bringen.
- Das "Quantitative Easing (QE 2)" genannte Paket soll die Wirtschaft ankurbeln und dem Arbeitsmarkt zu mehr Dynamik verhelfen.
- Kritiker sehen die Maßnahme als ungeeignet an, da Liquidität nicht notwendig einen stärkeren Konsum nach

sich ziehe. Überdies wird befürchtet, dass die neue Geldschwemme den Dollar schwächen und die Exporte in die USA damit verteuern wird.

Beitrag

Die Notenbank betreibt Konjunkturpolitik

Die US-Notenbank Federal Reserve will zur Ankurbelung der amerikanischen Wirtschaft 600 Milliarden Dollar in den Wirtschaftskreislauf pumpen. Hierfür sollen bis Juni 2011 Staatsanleihen gekauft werden. Hinzu kommen 200 bis 300 Milliarden Dollar aus Hypothekenwertpapieren, die wieder angelegt werden sollen. Nachdem Fed-Chef Ben Bernanke die Entscheidung mitgeteilt hatte, sackte der Dollar sofort auf ein Neun-Monatstief. Die weltweiten Aktienmärkte hingegen reagierten mit breitflächigen Kursgewinnen. (1), (4)

Planwirtschaft in den USA

Einfach ausgedrückt, wird die Fed zusätzliches Geld

drucken und dafür die Anleihen der eigenen Regierung kaufen. Durch diesen künstlichen Eingriff in das Geschehen an den US-Anleihemärkten wird die natürliche Angebots- und Nachfragesituation der Marktteilnehmer ausgehebelt. Experten bezeichnen das Vorgehen als einen "planwirtschaftlichen Ansatz", mit dem die Fed beabsichtige, Inflationserwartungen zu wecken. Damit solle verhindert werden, dass die schwache US-Konjunktur das Schicksal der japanischen Volkswirtschaft in den letzten 20 Jahren erleidet, nämlich eine dauerhafte Deflation. Bezeichnet wird die Maßnahme als "quantitative Lockerung", englisch "quantitative easing" oder QE 2. (1), (4)

Zweifel an der Wirkung - und an den Zielen

Rund um den Globus hat QE 2 Kritik ausgelöst. Zum einen, weil die konjunkturelle Wirkung der geldpolitische Maßnahme bezweifelt wird. So sei es fraglich, ob die geschaffene Liquidität beim einfachen Bürger ankomme und für stärkeren Konsum sorgen könne. In dieser Kritik kommt die Befürchtung der anderen Staaten zum Ausdruck, dass sich die USA durch QE 2 nicht aus ihrer konjunkturellen Schieflage befreien können und so als Motor der Weltwirtschaft weiterhin ausfallen. Die USA sollten statt geldpolitischer Experimente auf substanzielle Wirtschaftsreformen setzen, wie etwa den Abbau ihres Haushaltsdefizits.

Zum zweiten hat QE 2 eine währungspolitische Dimension. Die USA liegen im Clinch mit exportorientierten Ländern wie Deutschland und China, denen sie vorhalten, durch ihre Ausfuhren ein wirtschaftliches Ungleichgewicht zu schaffen. Die beiden Länder sollten stattdessen den Binnenkonsum auf ihren Heimatmärkten stärken und so ihren Teil beitragen, dass die amerikanische Handelsbilanz wieder freundlicher aussieht. Im Falle Chinas kommt der Vorwurf hinzu, dass Peking seine Währung künstlich schwach halte, um so zu niedrigen Exportpreisen zu kommen. QE 2 steht darum im Verdacht, absichtlich eine weitere Schwächung des US-Dollars herbeiführen zu sollen, um die Importe aus Deutschland und China zu verteuern. Fed-Chef Bernanke hat diesen Verdacht freilich von sich gewiesen. (1)

Kritik aus dem Ausland

In den Wirtschaftsgroßmächten rund um den Globus stößt QE 2 darum auf heftige Ablehnung. So hat Bundesfinanzminister Wolfgang Schäuble der Federal Reserve ungewohnt deutlich "Ratlosigkeit" attestiert. Brasiliens Regierung nennt die US-Geldpolitik einen

Fehler, der die Währungen in den Schwellenländern unter Druck setze und Vergeltungsmaßnahmen provoziere. China sieht die Maßnahme als Schachzug in einem von den USA forcierten Krieg der Währungen. Der Internationale Währungsfonds forderte die USA auf, endlich eine "glaubhafte Strategie zum Abbau der Schulden" vorzulegen. (1)

Bernanke in Erklärungsnot

An Fed-Chef Bernanke geht die Kritik nicht vorbei. Er ist seitdem darum bemüht, die geldpolitische Strategie zu begründen und zu verteidigen. Die Ziele des Anleihenankaufs seien Erleichterungen auf den Finanzmärkten, eine Belebung der Wirtschaft und dynamischeres Wachstum auf dem Arbeitsmarkt. Die Arbeitslosigkeit liegt in den USA derzeit bei zehn Prozent, was als nicht akzeptabler Höchstwert empfunden wird. Die unterstellte Schwächung der US-Währung durch die Anheizung der Inflation gehöre jedoch nicht zu den Zielen der Fed-Politik. (2), (3)

Die Zweifel bleiben

Überzeugt hat der Fed-Chef mit dieser Begründung bisher kaum jemanden. Bezweifelt wird insbesondere, dass sich mit einer expansiven Geldpolitik Wirtschaftswachstum und Beschäftigung erreichen lassen. Experten glauben nicht, dass hierdurch etwa der Häusermarkt in Schwung gebracht werden könne, da die Eigenheimbesitzer bereits in Festhypotheken gebunden seien. Zudem liege der Bestand leerstehender Häuser so hoch, dass es unmöglich sei, sie alle zu verkaufen. Als wenig aussichtsreich gilt auch das postulierte Ziel, durch QE 2 die Kreditkosten zu senken und hierdurch die Unternehmen zu Investitionen zu animieren. Kredite sind in den USA nämlich jetzt schon günstig, was insbesondere für Unternehmensanleihen gilt. Auch eine Gruppe konservativer US-Ökonomen ist von QE 2 nicht überzeugt. In einem offenen Brief hat die Gruppe der Fed vorgehalten, dass ihre Strategie, mit Hilfe einer expansiven Geldpolitik mehr Arbeitsplätze zu schaffen, nicht aufgehen könne. Vielmehr riskiere sie Inflation und eine Schwächung des Dollars. Eine Abwertung könne zwar dabei helfen, bis zu 500 000 neue Jobs zu schaffen, was angesichts von 15 Millionen arbeitslosen US-Amerikanern jedoch viel zu wenig sei, um die Maßnahme zu rechtfertigen. (1), (2), (3), (4)

Ein fragwürdiges Experiment

Auch der frühere Chefvolkswirt des Internationalen

Währungsfonds (IWF), Kenneth Rogoff, hat den wirtschafts- und finanzpolitischen Kurs der USA als falsch bezeichnet. Stattdessen äußert er Verständnis etwa für die Konsolidierungspolitik der deutschen Regierung. QE 2 sei ein fragwürdiges Experiment, das genauso schon einmal von Japan gewagt worden und dort schiefgegangen sei. Rogoffs Ansicht nach sind die US-Amerikaner zu ungeduldig. Die Regierung müsse der Wirtschaft Zeit geben, sich zu erholen, statt immer neues Geld hineinzupumpen. (1), (4)

Grundsätzliche Reformen bleiben weiter aus

Die US-amerikanische Wirtschafts- und Finanzpolitik versucht, ein System zu reparieren, das eigentlich reformiert werden müsste. So ist die Finanzkrise eben nicht über ein funktionierendes System hereingebrochen, sondern legt grundsätzliche Probleme frei - an deren Lösung sich aber noch niemand heranwagt. Über ein Jahrzehnt stiegen die Schulden stark an, während gleichzeitig hemmungslos auf Kredit konsumiert wurde. Gespart wurde nirgends, nicht bei den öffentlichen und genauso wenig bei den privaten Haushalten. So hat Amerika über seine Verhältnisse gelebt und finanzierte mit ausländischen Krediten ein immer größer werdendes Haushaltsdefizit. Ökonomen fordern die USA daher dazu auf, dem Vorbild der europäischen Staaten zu folgen und eine Konsolidierungspolitik zu betreiben. Überdies müssten die Unternehmen international wettbewerbsfähig werden und sich ihren Anteil am globalen Handel auch außerhalb der USA sichern. (5)

Trends

Kein Ende im Währungsstreit

US-Präsident Barack Obama hat auch auf dem Treffen der Asiatisch-Pazifischen Wirtschaftsgemeinschaft (Apec) keine Einigung mit China über eine Aufwertung des Yuan erzielen können. Stattdessen kritisierte Peking die Geldpolitik der Fed, da diese zu einem gefährlichen Anstieg der Preise in den Schwellenländern führen werde. Dies sei eine importierte Inflation, die die chinesische Regierung "nicht tolerieren werde". Auch Obamas erneut vorgetragene Forderung an Peking, weniger zu exportieren und die Binnennachfrage zu stärken, wurde nicht gehört. Der Wirtschaftskonflikt zwischen den USA und dem Rest der Welt geht damit weiter. (7)

Fallbeispiele

Merkel auf Konfrontationskurs mit den USA

Bundeskanzlerin Angela Merkel hat die US-Geldpolitik auf dem G-20-Gipfel in Seoul scharf kritisiert. Ihr gleichzeitiges Lob für China macht deutlich, wie sehr sich die Gewichte in der Weltwirtschaft verschoben haben. Merkel warnte davor, dass das infolge von QE 2 freiwerdende Kapital neue Spekulationsblasen nähren könnte. Der Forderung des US-Präsidenten nach Obergrenzen für Exportüberschüsse erteilte die Kanzlerin eine Absage. (6)

China plant die Zukunft

Chinas Kommunistische Partei hat den zwölften Fünfjahresplan für die Wirtschaft präsentiert. Demnach steht ab dem nächsten Jahr nicht mehr ausschließlich das schiere Wachstum der Wirtschaft auf der Agenda. Stattdessen soll darauf hingearbeitet werden, dass der neue Wohlstand auch den Menschen außerhalb der Metropolen zugute kommt. Die Maxime heißt darum "Von einem reichen Land zu einem reichen Volk." (8)

Weiterführende Literatur

(1) Mit dem Dollar gegen den Rest der Welt
aus WirtschaftsWoche NR. 045 VOM 08.11.2010 SEITE 022

(2) Die Federal Reserve in Erklärungsnot
aus Frankfurter Allgemeine Zeitung, 08.11.2010, Nr. 260, S. 20

(3) US-Notenbank trotzt der Kritik
aus Handelsblatt Nr. 223 vom 17.11.2010 Seite 18

(4) Die US-Notenbank verfehlt ihren Auftrag
aus DIE WELT, 13.11.2010, Nr. 266, S. 17

(5) Abschied von der Normalität Die USA werden nicht mehr zum Vorkrisenniveau zurückkehren. Deshalb müssen die Amerikaner sich an neue Standards gewöhnen - und an eine andere Wirtschaftspolitik
aus Financial Times Deutschland vom 17.11.2010, Seite 24

(6) Merkels dramatische Kritik an den USA G20-Gipfel - Früher wäre das ein Skandal gewesen: Kein deutscher Kanzler hätte sich vor einem wichtigen Gipfel mit China und vor allem gegen die USA verbünden können, ohne einen Aufschrei der

Transatlantiker zu provozieren. Die hätten umgehend vor einem Bruch mit dem wichtigsten Bündnispartner gewarnt.
aus FINANCIAL TIMES Deutschland

(7) Peking stellt sich stur
aus Handelsblatt Nr. 221 vom 15.11.2010 Seite 18

(8) Planziel "Made in China" gilt künftig auch für Hightech-Produkte
aus Börsen-Zeitung, 17.11.2010, Nummer 222, Seite 6

Impressum

Amerikas Währungspolitik am Pranger - "QE 2" stößt weltweit auf Kritik

Bibliografische Information der deutschen Nationalbibliothek

Die Deutsche Nationalbibliothek verzeichnet diese Publikation in der deutschen Nationalbibliografie; detaillierte bibliografische Daten sind im Internet über http://dnb.d-nb.de abrufbar.

ISBN: 978-3-7379-1671-4

© 2015 GBI-Genios Deutsche Wirtschaftsdatenbank GmbH, Freischützstraße 96, 81927 München, www.genios.de

Alle Rechte vorbehalten. Dieses Werk ist einschließlich aller seiner Teile – z.B. Texte, Tabellen und Grafiken - urheberrechtlich geschützt. Jede Verwertung außerhalb der Grenzen des Urheberrechtsgesetzes bedarf der vorherigen Zustimmung des Verlags. Dies gilt insbesondere auch für auszugsweise Nachdrucke, fotomechanische

Vervielfältigungen (Fotokopie/Mikroskopie), Übersetzungen, Auswertungen durch Datenbanken oder ähnliche Einrichtungen und die Einspeicherung und Verarbeitung in elektronischen Systemen.